Gerichte ohne
Schnickschnack

Es gibt sie noch,
„die Rezepte aus Omas Küche"

Elisabeth Bangert

Gerichte ohne Schnickschnack

Es gibt sie noch,
„die Rezepte aus Omas Küche"

EDITION XXL

Vorwort

Mal ganz ehrlich, wer hat nicht zu Hause ein eigenes kleines Kochbuch mit alten Rezepten, die von der Großmutter oder der Mutter festgehalten wurden? Die einfachen Gerichte, die oft ohne großen Aufwand gekocht werden können, findet man in den heutigen Kochbüchern leider sehr selten. Komplizierte und teure Zutaten sind in diesem Buch nicht enthalten. Deshalb auch der Titel „Gerichte ohne Schnickschnack".

Die Rezepte sind so beschrieben, dass einerseits Anfänger sehr gut damit zurechtkommen, andererseits Geübte Spezielles nachschlagen können. Bei der Auswahl der Rezepte wurde darauf geachtet, dass das Nachkochen nicht als mühevolle, langwierige Arbeit betrachtet werden, sondern das es vor allem Spaß machen soll, seiner Familie oder Freunden Gerichte aus Großmutters Zeit zu präsentieren.

Eine wichtige Hilfe hat mir meine Großmutter hinterlassen.

Zu ihrer Zeit rechnete man etwa pro Person:

1/4 l Suppe
1/8 l Soße
150 g Fleisch mit Knochen
100 g Fleisch ohne Knochen
250 g Fisch
250 g Gemüse
250 g Kartoffeln
60 g Reis
60 g Teigwaren
100 g Hülsenfrüchte als Gericht
50 g Hülsenfrüchte zur Suppe

Anhand dieser Mengenangaben kann man leicht feststellen, dass unsere Großeltern weniger Fleisch und mehr Beilagen gegessen haben. Vielleicht sollten wir über unsere heutigen Essgewohnheiten etwas nachdenken.

Ich wünsche Ihnen viel Freude beim Kochen.

Ihre Elisabeth Bangert

Inhalt

Suppen	10
Kleine Gerichte	18
Kartoffelgerichte	24
Mehlspeisen	36
Fischgerichte	54
Fleischgerichte	60

Zutaten für 4 Personen:

1 Zwiebel
2 Knoblauchzehen
200 g altbackenes Graubrot
(ca. 4 Scheiben)
3 EL Butter
1 1/2 l Fleisch- oder Gemüsebrühe
Salz
Pfeffer
1/2 Bund Schnittlauch

Zubereitung:

1. Die Zwiebel und die Knoblauchzehen schälen und fein würfeln. Das Brot in ca. 1 cm große Würfel schneiden. Den Schnittlauch waschen, verlesen und in Röllchen schneiden.

2. 1 EL Butter in einer Pfanne schmelzen, die Zwiebel- und die Knoblauchwürfel darin glasig schwitzen, vom Herd nehmen.

3. Die restliche Butter in einem weiten Topf zerlaufen lassen, die Brotwürfel hinzufügen und von allen Seiten gut anrösten. Anschließend die Zwiebel- und Knoblauchwürfel dazugeben.

4. Die Fleisch- oder Gemüsebrühe erhitzen und vorsichtig zu den Brotwürfeln gießen. Mit Salz und Pfeffer nach Geschmack würzen, nur kurz ziehen lassen.

5. Die Suppe auf Teller verteilen, mit Schnittlauchröllchen bestreuen und sofort servieren.

Tipp:
Die Brotwürfel direkt vor dem Servieren in die Brühe geben, da sie sehr schnell aufquellen. Evtl. in eine vorgewärmte Schüssel geben, so dass sich jeder bei Tisch so viel Brotwürfel in seine Brühe nehmen kann, wie er möchte.

Brotsuppe

Zutaten für 6 Personen:

1 Hähnchen (1 300 g)
1 Stange Lauch
3 Karotten
3 Frühlingszwiebeln
3 Schalotten
2 EL Klare Suppe
175 g Reis
Salz, Pfeffer
Muskatnuss gerieben
Liebstöckel (Maggikraut)
1 Bund Petersilie

Zubereitung:

1. Das Hähnchen unter fließendem kaltem Wasser säubern und in einen großen Topf mit etwa 3 l heißem Wasser legen. 1 TL Salz dazugeben. Zum Kochen bringen und 2 EL Klare Suppe hinzufügen. Bei mittlerer Hitze etwa 20 Minuten kochen und in der heißen Brühe stehen lassen.

2. Die Karotten unter fließendem kaltem Wasser abbürsten, schälen, der Länge nach in Scheiben und dann in kleine Streifen schneiden. In kochendem, leicht gesalzenem Wasser bissfest kochen. Auf einem Sieb abtropfen lassen.

3. Den Lauch waschen, evtl. schlechte Teile entfernen und die Stange in ca. 5 mm breite Ringe schneiden. Kurz in kochendes Wasser geben, dann in einem Sieb abtropfen lassen.

4. Die Frühlingszwiebeln putzen und in kleine Würfel, die Schalotten in kleine Ringe schneiden.

5. Das Hähnchen aus der Brühe nehmen, etwas abkühlen lassen. Die Haut entfernen und das Fleisch für die Suppe von den Knochen lösen. In einer Schüssel bereitstellen.

6. Die Hühnerbrühe zum Kochen bringen, den Reis hineingeben und bissfest kochen.

7. Nach und nach die vorbereiteten Karotten, den Lauch, die Frühlingszwiebeln und die Schalotten dazugeben. Zum Schluss das klein geschnittene Hühnerfleisch hinzufügen. Mit Salz, Pfeffer und Muskatnuss abschmecken.

8. Das Maggikraut waschen, von den Stängeln zupfen, die Blätter klein schneiden und in die fertige Suppe einrühren. Die Petersilie waschen, von den Stängeln zupfen und ebenfalls klein schneiden. Zum Schluss über die auf Teller verteilte Suppe streuen.

Tipp:
Wer mehr Wert auf die Brühe legt, gibt das Hähnchen zum Kochen in kaltes Wasser, dann wird die Brühe geschmackvoller. Bei heißem Wasser bleibt das Fleisch saftiger.

Hühnersuppe mit Reis

Zutaten für 6 Personen:

750 g Suppenfleisch
1 kg Kartoffeln
1 kleine Sellerieknolle,
ca. 200 g, mit Grün
4 Möhren
2 Zwiebeln
200 g durchwachsener Speck

150 g Margarine
3 l Wasser
2 EL Klare Suppe
Liebstöckel (Maggikraut)
Salz
Pfeffer
Muskatnuss gerieben

Zubereitung:

1. Das Suppenfleisch in etwa 3 l Wasser mit einem TL Salz zum Kochen bringen. Bei mittlerer Hitze ca. 20 Minuten kochen lassen.

2. Die Kartoffeln waschen, schälen, vierteln und in Scheiben schneiden. Die Sellerieknolle abbürsten, schälen, in Scheiben schneiden und würfeln. Das Selleriekraut waschen und klein schneiden. Die Möhren schälen, der Länge nach in Scheiben und die Scheiben in Streifen schneiden. Alles in kaltem Wasser bereitstellen.

3. Die Zwiebeln schälen und in feine Würfel schneiden. Den Speck in kleine Würfel schneiden.

4. In einem großen Topf die Margarine erhitzen und die Speckwürfel darin anbraten. Die Zwiebelwürfel dazugeben und mit glasig dünsten. Nach und nach den klein geschnittenen Sellerie und die Karotten dazugeben. Das Ganze unter ständigem Rühren anrösten.

5. Mit der Fleischbrühe aufgießen und zum Kochen bringen. In die kochende Brühe 2 EL Klare Suppe und die Kartoffelscheiben einrühren. Ca. 15 Minuten weiterkochen, bis die Kartoffeln bissfest gegart sind.

6. Das Suppenfleisch vom Fett befreien, in kleine Würfel schneiden und in die Suppe geben. Mit Salz, Pfeffer und Muskat abschmecken.

7. Ganz zum Schluss das Liebstöckel waschen, die Blätter von den Stielen zupfen, klein schneiden und in die Suppe einrühren.

Tipp:
Dazu schmecken Fleischwürstchen oder Reibekuchen.

Kartoffelsuppe

Zutaten für 6 Personen:

6 große Zwiebeln
100 g Butterschmalz
1 1/2 l Fleisch- oder Gemüsebrühe
1/8 l Weißwein
1 gestrichener TL Pfeffer
Salz
Muskatnuss gerieben
1 Bund Schnittlauch

Zubereitung:

1. Die Zwiebeln schälen und in Ringe schneiden.

2. In einem großen Topf das Butterschmalz erhitzen und die Zwiebeln darin andünsten. Mit Pfeffer würzen und den Weißwein dazugeben.

3. Die Fleisch- oder Gemüsebrühe angießen und kurz aufkochen lassen. Mit Salz, Pfeffer und Muskatnuss abschmecken.

4. Die Suppe auf Tellern oder in Suppentassen anrichten. Den Schnittlauch waschen, in kleine Röllchen schneiden und über der Suppe verteilen.

Tipp:
Für überbackene Zwiebelsuppe legt man auf die mit Suppe gefüllten, möglichst feuerfesten Tassen jeweils ein Stück Weißbrot oder Toastbrot, bestreut das Brot mit geriebenem Käse und überbäckt das Ganze im Backofen bei ca. 160° Oberhitze, bis der Käse eine goldbraune Farbe hat.

Zwiebelsuppe

17

Zutaten für 4 Personen:

4 Packungen Harzer Käse à 125 g
(jeweils 5 Röllchen)
3–4 Zwiebeln
12 EL Essig
15 EL Öl
1 TL Salz
Pfeffer

Zubereitung:

1. Die Zwiebeln schälen und in sehr feine Würfel schneiden.

2. In einer großen Schüssel die Zwiebelwürfel mit Essig, Salz und Pfeffer gut durchmischen. Zum Schluss das Öl hinzufügen.

3. Den Harzer Käse in die Schüssel mit der Zwiebelmasse geben und durchmischen.

4. Das Ganze sollte mindestens 4–5 Stunden durchziehen.

Tipp:
Die Soße kann mit frischem, fein geschnittenem Schnittlauch und Petersilie verfeinert werden.

Am besten schmeckt dazu frisches Bauernbrot mit Butter.

Handkäse mit Musik

Zutaten für 4 Personen:

500 g Schichtkäse
1 1/2 TL Natron
40 g Butter
1 Prise Salz

Zubereitung:

1. Den Schichtkäse in einem Sieb über Nacht gut abtropfen lassen.

2. Den abgetropften Schichtkäse in einen ausreichend großen Topf geben, mit dem Natron gut vermischen und für ca. zwei Stunden an einem warmen Ort ruhen lassen.

3. Auf kleiner Flamme den Schichtkäse mit den Rührbesen des Handrührgerätes so lange rühren, bis sich alle Klümpchen aufgelöst haben und der Kochkäse eine sämige Konsistenz hat. (Sieht in etwa wie Vanillepudding aus.)

4. Zum Schluss die Butter unterrühren und den Käse mit einer Prise Salz abschmecken.

Tipp:
Dazu passen kräftiges Schwarzbrot und frisch gehackte Zwiebelwürfel. Außerdem gehören in einen echten Kochkäse 1–2 TL Kümmel. Da nicht jeder diesen Geschmack mag, sollten Sie den Kümmel getrennt dazu reichen. So kann sich jeder nach Belieben bedienen.

Odenwälder Kochkäse

Zutaten für 4 Personen:

1 kg Rindfleisch zum Kochen
2 EL Klare Suppe
Suppengewürz
2 Zwiebeln
2–3 Essiggurken
1 Bund Schnittlauch

4 EL Essig
4 EL Öl
Salz
Pfeffer
Dill

Zubereitung:

1. 3 l Wasser zum Kochen bringen. 1 TL Salz, die Klare Suppe und das Suppengewürz hineingeben. Das Fleisch in die kochende Brühe legen und je nach Dicke des Stücks ca. 30 bis 40 Minuten bei mittlerer Hitze kochen. Aus der Brühe nehmen und abkühlen lassen.

2. In der Zwischenzeit die Zwiebeln schälen und in kleine Würfel schneiden. Die Essiggurken der Länge nach durchschneiden und würfeln. Die Zwiebel- und Gurkenwürfel in eine Schüssel geben und durchmischen.

3. Den Schnittlauch waschen und in kleine Röllchen schneiden. Zusammen mit dem Essig, Salz und Pfeffer zu den Gurken und Zwiebeln in die Schüssel geben. Gut durchmischen. Ganz zum Schluss das Öl einrühren. Die Soße gut eine Stunde ziehen lassen.

4. Das abgekühlte Rindfleisch in dünne Scheiben schneiden und mit der sauren Soße auf Tellern anrichten.

Tipp:
Dazu schmecken frisches Roggenbrot und Butter oder auch frisch geriebener Meerrettich. Die Fleischbrühe kann anderweitig, z. B. für eine gute Suppe, verwendet werden.

Tellerfleisch

23

Zutaten für 4 Personen:

(ergibt 2 Pfannen mit
ca. 26 cm Durchmesser)

1 kg Kartoffeln
250 g Schinkenspeck
2 Zwiebeln
6 Eier
2 Fleischwürstchen
30 g Butterschmalz
30 g Margarine
Salz
Pfeffer
1 Bund Petersilie

Zubereitung:

1. Die Kartoffeln waschen und mit der Schale in reichlich Salzwasser gar kochen. Die noch warmen Kartoffeln schälen und abkühlen lassen.

2. Die Zwiebeln schälen und in feine Würfel hacken. Den Schinkenspeck in Streifen und dann in kleine Würfel schneiden.

3. Die abgekühlten Kartoffeln und die Fleischwürstchen in etwa 5 mm dicke Scheiben schneiden oder würfeln.

4. Etwa 15 g Butterschmalz in einer Pfanne erhitzen und die Fleischwurstscheiben von beiden Seiten knusprig anbraten. Die fertigen Scheiben auf einen Teller legen und warm stellen.

5. Den Rest Butterschmalz in die Pfanne geben und die Speckwürfel knusprig anbraten. Die Zwiebelwürfel hinzufügen und das Ganze unter Rühren ein paar Minuten weiterbraten. Die fertige Mischung in eine kleine Schüssel füllen und warm stellen.

6. Etwa 20 g Margarine in der Pfanne schmelzen und die Hälfte der geschnittenen Kartoffeln darin kurz anbraten. 3 Eier mit einer Gabel verschlagen, mit Salz und Pfeffer würzen und über die Kartoffeln gießen. Jeweils die Hälfte der Zwiebel-Speckmischung und der Fleischwurstscheiben über die Kartoffeln streuen und das Ganze bei geringer Hitze stocken lassen. Gelegentlich etwas einstechen, damit die Eiermasse auch unter die Kartoffeln läuft.

7. Das fertige Gericht mit einem Pfannkuchenwender leicht anheben und auf einen flachen Teller ziehen. Die Hälfte der fein geschnittenen Petersilie darüber streuen und das Bauernfrühstück im Backofen warm stellen. Die zweite Hälfte der Kartoffeln wie oben beschrieben zubereiten.

Tipp:
Das Bauernfrühstück in schmiedeeisernen Pfannen serviert, sieht nicht nur gut aus, sondern hält das Gericht auch länger warm.

Bauernfrühstück

Zutaten für 4 Personen:

1 großer Blumenkohl
4 Kartoffeln
Salz

Für die Soße:
3 EL Butter
3 EL Mehl
150 ml Milch
2 EL geschnittene Petersilie
250 g geriebener Emmentaler
Salz
Pfeffer
Muskatnuss gerieben

Zubereitung:

1. Die Kartoffeln waschen und in Salzwasser gar kochen. Den Blumenkohl in Röschen zerteilen und in Salzwasser ca. 15 Minuten kochen.

2. Nach Ablauf der Garzeit die Kartoffeln abschütten, pellen und in Scheiben schneiden. Die Blumenkohlröschen mit einem Schaumlöffel herausnehmen und abtropfen lassen.

3. In einem Topf die Butter zerlassen und mit dem Mehl eine helle Einbrenne zubereiten. Unter ständigem Rühren die Milch langsam angießen und so lange mit einem Schneebesen weiterrühren, bis sich alle Klümpchen aufgelöst haben. Mit Salz, Pfeffer und Muskat würzen. Die Petersilie zum Schluss unterrühren.

4. Eine Auflaufform gut einfetten und mit den Kartoffelscheiben auslegen. Etwas Käse darüber streuen, die Blumenkohlröschen darauf verteilen und wiederum mit etwas Käse bedecken. Dann die Soße über den Auflauf gießen und als letzte Schicht den restlichen Käse darauf geben.

5. Im vorgeheizten Backofen bei 200° C ca. 35 Minuten backen.

Tipp:
Die Blumenkohlröschen vor dem Kochen kurz in Salzwasser legen. Das Salzwasser treibt nämlich eventuelle unerwünschte „Bewohner" heraus.

Blumenkohlauflauf

Zutaten für 4 Personen:

1 kg Kartoffeln
125 g Kartoffelstärke
2 Zwiebeln
100 g durchwachsener Speck
1 Bund Petersilie
50 g Butterschmalz
Salz, Pfeffer

Zubereitung:

1. Die Kartoffeln waschen und in der Schale in reichlich Wasser gar kochen. Nach Ablauf der Garzeit die Kartoffeln abschütten, pellen und noch heiß durch eine Kartoffelpresse drücken. Die Stärke und etwas Salz zu der Masse geben und mit einem großen Holzlöffel oder den Knethaken des Handrührgerätes rasch zu einem festen Teig rühren.

2. Einen großen Topf mit viel Salzwasser zum Kochen bringen, dann die Hitze herunterschalten, so dass das Wasser nur noch leicht perlt. Die Hände mit Wasser befeuchten und aus der Kartoffelmasse einzelne Klöße formen. In das Kochwasser einlegen und ca. 10 Minuten gar ziehen lassen. Das Wasser darf nicht mehr sprudelnd kochen!

3. Wenn die Klöße gar sind, mit einem Schaumlöffel herausnehmen und erkalten lassen.

4. In der Zwischenzeit die Zwiebeln schälen und zusammen mit dem Speck würfeln. Den Speck in einer Pfanne auslassen und kross braten, dann die Zwiebelwürfel dazugeben und ebenfalls anbräunen, danach beiseite stellen.

5. Die kalten Klöße in ca. 2 cm dicke Scheiben schneiden und in dem zerlassenen Butterschmalz von beiden Seiten braun anbraten. Dann die gebratenen Speck- und Zwiebelwürfel darüber geben, mit etwas Salz und Pfeffer abschmecken und mit gehackter Petersilie bestreut servieren. Dazu schmeckt ein frischer Tomatensalat.

Tipp:
Am besten ist es, wenn Sie die Kartoffelklöße frisch zubereiten und z. B. zu einem Schweinebraten servieren. Meistens bleiben dabei immer ein paar Klöße übrig, die sich mit diesem Rezept wunderbar verwerten und als eigenständiges Gericht auf den Tisch bringen lassen.

Gebackene Kartoffelklöße

Zutaten für 4 Personen:

1 kg Kartoffeln
1 Zwiebel
1/2 l Fleisch- oder Gemüsebrühe
1 EL Butterschmalz
1 EL Mehl
Salz
Essig
1 Lorbeerblatt
1 Bund Petersilie

Zubereitung:

1. Die Kartoffeln mit der Schale in Salzwasser garen. Noch heiß schälen und in ca. 1 cm dicke Scheiben schneiden.

2. Die Zwiebel schälen und in kleine Würfel schneiden.

3. Das Fett in einem großen Topf schmelzen und die Zwiebelwürfel darin glasig dünsten. Das Mehl mit einem Schneebesen einrühren, sofort mit der Brühe auffüllen und weiterrühren, so dass eine dünne Soße entsteht.

4. Das Lorbeerblatt, Salz und einen Schuss Essig zugeben. Die Soße nach Belieben abschmecken. Sie muss leicht säuerlich sein.

5. Die in Scheiben geschnittenen Kartoffeln zugeben und das Ganze mit einem Holzlöffel vorsichtig umrühren. Bei mittlerer Hitze kochen, bis ein dickliches Gemüse entsteht. Dabei gelegentlich vorsichtig umrühren.

6. Die Petersilie waschen und klein schneiden. Kurz vor dem Servieren unter das Gemüse mengen.

Tipp:
Dazu schmecken Bratwürste. Das Gemüse wird nach mehrmaligem Aufkochen geschmackvoller.

Kartoffelgemüse

31

Zutaten für 4 Personen:

8 mittelgroße Kartoffeln
500 g Quark (40 %)
100 ml Milch
1 Zwiebel
1 Knoblauchzehe
1 Bund Schnittlauch
1 Bund Petersilie
Pfeffer
Salz

Zubereitung:

1. Die Kartoffeln waschen und mit der Schale in reichlich Salzwasser garen.

2. Die Zwiebel und die Knoblauchzehe schälen und in feine Würfel hacken.

3. Den Schnittlauch waschen und in feine Röllchen schneiden. Die Petersilie waschen, von den Stielen zupfen und klein schneiden.

4. Den Quark in eine Schüssel geben. Mit einem Schneebesen die Milch einrühren, bis der Quark sämig ist. Er sollte nicht zu dünnflüssig sein.

5. Mit einem Rührlöffel die klein gehackte Zwiebel, den Knoblauch und die klein geschnittenen Kräuter unterrühren. Das Ganze mit Salz und Pfeffer abschmecken.

Tipp:
Am besten eignen sich hierfür mehlige Kartoffeln. Die Kartoffeln schmecken sehr gut zu kurz gebratenem Fleisch wie z. B. Steaks. Wer Thymian mag, kann diesen noch klein geschnitten in den Quark geben.

Pellkartoffeln

33

Zutaten für 4 Personen:

1 kg Kartoffeln
4 Eier
1 gestrichener TL Salz
Muskatnuss gerieben

Öl zum Ausbacken

Zubereitung:

1. Die Kartoffeln waschen und schälen. Die ganzen Kartoffeln in kaltes Wasser legen.

2. Die rohen Kartoffeln in kaltes Wasser reiben, damit sie nicht braun werden. Die Kartoffelmasse in ein Leinentuch geben und die Flüssigkeit herausdrücken.

3. Zu der ausgedrückten Kartoffelmasse die Eier, Salz und Pfeffer geben und alles mit einem Rührlöffel gut durchrühren.

4. In eine hohe Pfanne so viel Öl füllen, dass die Reibekuchen schwimmend gebacken werden können. Das Öl sehr heiß werden lassen.

5. Mit einem Suppenschöpfer den Teig in das siedend heiße Öl geben und zu flachen, knusprigen Pfannkuchen ausbacken.

6. Die fertigen Reibekuchen kurz auf Küchenkrepp und anschließend auf einen vorgewärmten Teller legen.

Tipp:
Zu den Reibekuchen passt sehr gut Apfelmus. Sie schmecken z. B. auch sehr gut zu Kartoffel- oder Bohnensuppe. Wer mag, kann vor dem Backen in die Kartoffelmasse noch eine in feine Würfel geschnittene Zwiebel mischen.

Reibekuchen

Zutaten für 4 Personen:

200 g Mehl
3 Eier
knapp 1/4 l Milch
Salz
6 große Äpfel
Zucker
Zimt
Rum
Backfett

Zubereitung:

1. Das Mehl in eine Schüssel sieben. Die Eier einzeln in eine Tasse aufschlagen, prüfen und nach und nach mit der Milch in das Mehl einrühren, bis ein dickflüssiger Teig entstanden ist. Eine Priese Salz mit einrühren.

2. Die ganzen Äpfel waschen und schälen. Das Kerngehäuse herausstechen und die Äpfel in ca. 8 mm dicke Ringe schneiden. Die Ringe mit etwas Zucker bestreuen und mit Rumbeträufeln. Etwa 10 Minuten durchziehen lassen.

3. In einer hohen Pfanne so viel Backfett erhitzen, dass die Apfelpfannkuchen schwimmend gebacken werden können.

4. Die Apfelringe in den Teig tauchen und nach und nach in dem heißen Fett goldbraun ausbacken. Die fertigen Pfannkuchen kurz auf Küchenkrepp und dann auf einen vorgewärmten Teller legen. Mit einer Mischung aus Zucker und Zimt bestreuen.

Tipp:
Die Apfelpfannkuchen passen sehr gut zu Gemüsesuppe. Wenn kein Apfelausstecher zur Verfügung steht, kann man auch die geschälten Äpfel in Scheiben schneiden, die Scheiben auf ein Brett legen und das Kerngehäuse mit einem spitzen Messer herausschneiden.

Apfelpfannkuchen

Zutaten für 4 Personen:

(ergibt etwa 10 Pfannkuchen)

450 g Mehl
6 Eier
1/2 l Milch
1/4 l Wasser
1 Prise Salz
5 EL Zucker
1 Vanillearoma
Öl zum Backen

Zubereitung:

1. Das Mehl in eine Schüssel sieben, damit es schön locker wird und keine Klümpchen hat.

2. Die Eier einzeln in ein Tasse aufschlagen und dabei überprüfen, ob sie in Ordnung sind. In einer kleinen Schüssel bereitstellen. Die Milch und das Wasser in einem Messbecher genau abmessen.

3. Mit einem Schneebesen die Eier nach und nach in das Mehl einrühren und dabei Milch und Wasser hinzufügen. ständig schnell rühren, damit es keine Klümpchen gibt. Die Masse am Anfang etwas fester lassen und die restliche Flüssigkeit zum Schluss einrühren.

4. Eine Prise Salz, den Zucker und das Vanillearoma unterrühren, bis sich der Zucker aufgelöst hat. Die Masse sollte dünnflüssig sein.

5. 1 Teelöffel Öl in einer großen Pfanne (28 cm Durchmesser) erhitzen. Eine Suppenkelle voll Teig in die Mitte der heißen Pfanne geben. Die Pfanne leicht schwenken, damit der Teig nach und nach bis zum Pfannenrand verläuft, dabei weiterbacken, bis die obere Schicht nicht mehr flüssig ist. Mit einem Pfannkuchenwender bis in die Mitte unter den Teig fahren und den Pfannkuchen wenden. Etwa eine Minute weiterbacken. Die Pfanne dabei leicht schütteln, damit der Pfannkuchen nicht am Boden haften bleibt.

6. Wenn der Pfannkuchen fertig ist, rutscht er ganz leicht aus der Pfanne. Auf einen vorgewärmten Teller geben oder gleich rollen. Aus dem restlichen Teig auf diese Weise weitere Pfannkuchen backen.

Tipp:
Die Pfannkuchen schmecken pur, nur mit Zucker und Zimt bestreut, oder mit eingelegten Früchten, Apfelmus und auch mit Marmelade gefüllt.

Eierpfannkuchen

39

Zutaten für 4 Personen:

500 g Mehl
5 große Eier
Salz
200 g geriebener Emmentaler
50 g Fett
1 große Zwiebel

Zubereitung:

1. Das Mehl in eine Schüssel sieben, die Eier hineinschlagen und mit einem Rührlöffel tüchtig durchrühren, bis der Teig Blasen wirft. Das Rühren ist wichtig, besser zu viel als zu wenig. Wenn Sie den Löffel heben und der Teig sich nicht mehr bewegt, dann ist er richtig.

2. In einem großen Topf reichlich Salzwasser zum Kochen bringen. 1–2 Esslöffel Teig auf ein nasses Brett geben, mit einem in Wasser getauchten Messer dünn ausstreichen und dann sehr feine, gleichmäßige Streifen in das kochende Wasser schaben. Dabei das Messer immer wieder in kaltes Wasser tauchen, damit der Teig nicht daran hängen bleibt.

3. Die Spätzle sind gar, wenn sie an der Oberfläche schwimmen. Dann mit einem Schaumlöffel herausnehmen, abtropfen lassen und beiseite stellen.

4. Die Zwiebel schälen, in feine Würfel schneiden und in dem zerlassenen Fett kross anrösten.

5. Die fertigen Spätzle abwechselnd mit geriebenem Käse in eine Auflaufform schichten, dabei sollte eine Käseschicht den Abschluss bilden. Die Röstzwiebeln zum Schluss darüber streuen und das Ganze im vorgeheizten Backofen bei 180° C ca. 15–20 Minuten überbacken.

Tipp:
Dazu schmeckt ein frischer grüner Salat oder Gurkensalat.

Käsespätzle

Zutaten für 4 Personen:

120 g Mehl
30 g Zucker
Salz
4 Eier
1/4 l Milch
50 g Butter
30 g Rosinen
Puderzucker zum Bestäuben

Zubereitung:

1. Das Mehl mit Zucker, einer Prise Salz, Milch und den Eigelben zu einem dickflüssigen Teig verrühren.

2. Die Eiweiße zu steifem Schnee schlagen und vorsichtig unter den Pfannkuchenteig heben.

3. Die Butter in einer Pfanne heiß werden lassen, den Teig hineingießen und den Boden etwas anbacken lassen. Dann die gewaschenen und trockengetupften Rosinen darüber streuen. Anschließend wenden und bei geringer Hitze fertig backen.

4. Danach den Pfannkuchen auf einen vorgewärmten Teller geben und am besten mit zwei Gabeln in unregelmäßige Stücke zerpflücken. Den Schmarren anrichten und mit Puderzucker bestäubt servieren.

Tipp:
Dazu schmecken eingemachte Früchte oder Kompott. Zu späterer Stunde darf es auch ein Gläschen Johannisbeerwein sein.

Kaiserschmarren

Zutaten für 4 Personen:

10 trockene Brötchen
1 1/2 l Milch
8 Eier
6 gehäufte EL Zucker
1 Vanille-Aroma
50 g Margarine
Zucker- und Zimtmischung

Zubereitung:

1. Von den Brötchen die Rinde rundherum abreiben. Die abgeriebene Rinde wird wie Paniermehl in einer kleinen Schüssel aufgehoben.

2. Die Milch in eine so große Schüssel geben, dass die 10 Brötchen Platz darin haben. Die Eier einzeln in eine Tasse aufschlagen und prüfen, ob sie in Ordnung sind. Nach und nach mit einem Handrührgerät in die Milch einrühren. Die 6 EL Zucker und das Vanille-Aroma zugeben und verrühren, bis der Zucker sich aufgelöst hat.

3. Die abgeriebenen Brötchen in die vorbereitete Milch legen, bis sie bis ins Innere durchgeweicht sind. Wenn es schnell gehen soll, öfters umwenden.

4. Die Margarine in einer Pfanne schmelzen. Die einzelnen Brötchen aus der Milch nehmen, mit beiden Händen vorsichtig ausdrücken, beide Seiten in der abgeriebenen Rinde panieren, wieder mit den Händen leicht flach drücken und sofort ins heiße Fett legen.

5. Von beiden Seiten knusprig anbraten und kurz in der Pfanne durchziehen lassen, damit sie durch und durch heiß sind. Auf Tellern anrichten. Mit der Zucker- und Zimtmischung bestreuen und sofort servieren.

Tipp:
Die abgeriebenen Brötchen über Nacht in der Milch einweichen. Am besten die Brötchen mit einem Teller beschweren, damit sie oben nicht abtrocknen.

Zu den Kartäuserklößen schmeckt Apfelmus hervorragend.

Kartäuserklöße

Zutaten für 4 Personen:

5 altbackene Brötchen
1 kg eingekochte Süß- oder Sauerkirschen
125 g weiche Butter
125 g Zucker
3/8 l Milch
abgeriebene Schale einer unbehandelten Zitrone
4 Eier
2 Msp. Zimt
1 Prise Salz
Butterflöckchen

Zubereitung:

1. Die Brötchen in Scheiben schneiden und in einer flachen Form auslegen. Die Milch kurz aufkochen lassen und über die Brötchenscheiben gießen. So lange beiseite stellen, bis die Milch ganz aufgesogen ist.

2. In der Zwischenzeit die Butter mit Zucker, Zitronenschale und Zimt mit den Rührbesen des Handrührgerätes einige Minuten schaumig schlagen (die Masse wird dann fast weiß). Die Kirschen abschütten und abtropfen lassen.

3. Die Eier trennen, dabei die Eiweiße in einer separaten Schüssel auffangen. Die Eigelbe nach und nach in die Buttermasse einrühren. Die Eiweiße mit einer Prise Salz zu sehr steifem Schnee schlagen.

4. Den Backofen auf 180° C vorheizen. Die eingeweichten Brötchenscheiben in eine Schüssel geben und mit der Buttercreme verrühren. Die Kirschen und den Eischnee dazugeben und unterheben.

5. Alles in eine gefettete, feuerfeste Auflaufform füllen und 30 Minuten backen. Nach Ablauf dieser Zeit Butterflöckchen auf den Auflauf setzen und mit Zimt bestäuben. Weitere 30 Minuten backen.

Achtung:
Durch die steif geschlagenen Eiweiß wird das Gebäck – ähnlich wie beim Soufflee – sehr locker und geht auf. Den Kirschenmichel also unbedingt sofort auf den Tisch bringen, sonst fällt er zusammen.

Kirschenmichel

Zutaten für 4 Personen:

(ergibt ca. 20–25 Stück)

125 g Mehl
25 g Stärke
25 g Puderzucker
1 Prise Salz
250 ml Wasser
50 g Butter
4 Eier

abgeriebene Schale einer
unbehandelten Zitrone
2 kg Pflanzenfett zum Ausbacken
50 g Kristallzucker zum Wälzen

Zubereitung:

1. Das Wasser zusammen mit der Butter, dem Puderzucker und einer Prise Salz zum Kochen bringen. In der Zwischenzeit das Mehl mit Stärke und abgeriebener Zitronenschale vermischen.

2. Sobald das Wasser kocht, den Topf vom Herd nehmen und die Mehlmischung auf einmal in den Topf schütten. Erneut auf den Herd stellen und so lange rühren, bis sich ein Kloß bildet und auf dem Topfboden eine weiße Haut absetzt. (Dieser Vorgang nennt sich „Abbrennen".)

3. Den Teigkloß in eine Schüssel geben, ganz kurz abkühlen lassen und das erste Ei zügig in den Teig einarbeiten. Die restlichen Eier nach und nach unterrühren.

4. Das Fett auf 180° C erhitzen. Mithilfe eines Teelöffels kleine Kugeln abstechen (den Löffel vorher immer wieder in kaltes Wasser eintauchen) und maximal vier Kugeln in das heiße Fett geben, denn das Gebäck braucht Platz und muss sich im Fett frei bewegen können.

5. Die Nonnenfürzchen ca. drei Minuten goldbraun ausbacken, mit einem Schaumlöffel herausnehmen, kurz auf Küchenkrepp legen und noch heiß in dem Zucker wälzen. Das Gebäck schmeckt warm serviert am besten.

Tipp:
Woher das Gebäck seinen Namen hat, werden Sie beim Ausbacken feststellen. Da es sich um einen Brandteig handelt, der beim Frittieren aufgeht und die Kugeln innen hohl werden lässt, platzen manche nach kurzer Zeit auf und verursachen dabei ein verdächtiges Geräusch.

Nonnenfürzchen

Zutaten für 4 Personen:

(ergibt ca. 12 Waffeln)

100 g Butter oder Margarine
150 g Zucker
4 Eier
1 Prise Salz
1 Vanillezucker
250 g Mehl
1/4 l Milch
1/4 l Wasser

Für die Rote Grütze:
150 g Sauerkirschen
70 g Süßkirschen
150 g rote Johannisbeeren
70 g Himbeeren
70 g Brombeeren
50 g Stärkemehl
3/4 l Wasser
100 g Zucker

Zubereitung:

1. Die Sauer- und Süßkirschen waschen, entstielen und entkernen. Die Johannisbeeren waschen und von den Stielen abzupfen. Die Himbeeren und Brombeeren verlesen und bei Bedarf waschen.

2. Die Süßkirschen und die Sauerkirschen mit den Johannisbeeren in dem Wasser weich kochen. In ein Sieb schütten und den Saft auffangen.

3. Den Saft zum Kochen bringen. Das Stärkemehl mit einem Schneebesen in kaltem Wasser anrühren und unter ständigem Rühren in den kochenden Saft einrühren. Kurz aufkochen lassen, dann den Zucker dazugeben und weiterrühren, bis die Masse andickt.

4. Alle Früchte in den heißen Saft geben, mit einem Rührlöffel unterziehen und erkalten lassen.

5. Die Butter oder Margarine und den Zucker mit einem Handrührgerät schaumig schlagen. Die Eier einzeln in eine Tasse aufschlagen und überprüfen, nach und nach mit dem Schneebesen in die Butter-Zuckermasse einrühren. Die Prise Salz und den Vanillezucker einrühren.

6. Das Mehl durchsieben und zusammen mit der Mischung aus Milch und Wasser mit dem Schneebesen in die Masse einrühren. Den Teig immer etwas fester lassen, damit keine Klümpchen entstehen.

7. In eine vorgeheizte Herzwaffelform jeweils eine Suppenkelle voll Teig gießen und die Waffeln goldbraun backen.

Tipp:
Die Waffeln schmecken auch sehr gut einfach nur mit Puderzucker bestäubt oder pur zu Kartoffel- oder Bohnensuppe.

Waffeln

Zutaten für 4 Personen:

400 g Mehl
3 Eier
1 1/2 TL Salz
1/4 l Wasser

Zubereitung:

1. Das Mehl in eine Schüssel sieben. Die Eier einzeln in eine Tasse aufschlagen, prüfen und nach und nach mit dem Knethaken in das Mehl einarbeiten.

2. 1/2 TL Salz und das Wasser mit einkneten, bis ein zäher dünner Teig entsteht.

3. Etwa 3 l Wasser mit einem TL Salz zum Kochen bringen.

4. Eine Portion von dem Teig auf ein Brett geben, er verläuft flach. Mit einem glatten Messer kleine Streifchen in das kochende Wasser schaben.

5. Die Spatzen sind gar, wenn sie an der Oberfläche des Wassers schwimmen. Die fertigen Spatzen gleich mit einem kleinen Sieb abschöpfen und in eine Schüssel geben.

6. Auf diese Weise nach und nach den ganzen Teig verarbeiten.

Tipp:
Dazu schmeckt Dörrobst oder Apfelmus. Die Wasserspatzen eignen sich auch hervorragend als Einlage z. B. in Kartoffel- oder Linsensuppe.

Wasserspatzen

53

Zutaten für 4 Personen:

Für die Heringe:
4 grüne Heringe (küchenfertig)
1 EL Mehl
Salz
Pfeffer
2 EL Butterschmalz

Für die Marinade:
2 Zwiebeln
1/4 l Essig
1/8 l Wasser
1 Lorbeerblatt
1 Gewürznelke
Salz

Zubereitung:

1. Die Heringe innen und außen mit Salz und Pfeffer würzen. Das Butterschmalz in einer Pfanne erhitzen und die in Mehl gewendeten Heringe darin von beiden Seiten je etwa fünf Minuten goldbraun anbraten.

2. Die fertig gebratenen Heringe kurz auf Küchenkrepp legen und dann locker in eine Schüssel schichten.

3. Die Zwiebeln schälen und in feine Ringe schneiden.

4. Das Wasser zusammen mit den Zwiebelringen, dem Essig, dem Lorbeerblatt, der Gewürznelke und einer Prise Salz aufkochen.

5. Die Marinade etwas abkühlen lassen und über die gebratenen Heringe gießen.

6. An einem kühlen Ort etwa drei Tage durchziehen lassen.

Tipp:
Dazu schmecken Bratkartoffeln. Wer mag, kann die in Mehl gewendeten Heringe vor dem Braten noch in Ei und Paniermehl wenden.

Bratheringe

Zutaten für 4 Personen:

12 Matjesheringsfilets
1 große Zwiebel
2 säuerliche Äpfel
3 Gewürzgurken
400–600 ml süße Sahne
evtl. etwas Pfeffer

Zubereitung:

1. Die Matjesfilets kurz unter fließendem kaltem Wasser abspülen. Die Filets entweder so belassen oder in mundgerechte Stücke schneiden.

2. Die Zwiebel schälen und in dünne Ringe schneiden. Die Äpfel waschen, vierteln, das Kerngehäuse entfernen und die Äpfel danach in ca. 0,5 cm dünne Scheibchen schneiden. Die Gewürzgurken grob würfeln.

3. Die Filets in eine ausreichend große Schüssel oder Auflaufform geben, mit den Zwiebelringen, den Apfel- und Gurkenstücken vermischen. Zum Schluss die Sahne darüber gießen, so dass die Heringsfilets gut bedeckt sind. Das Ganze mindestens sechs Stunden, am besten über Nacht durchziehen lassen.

4. Vor dem Servieren noch einmal durchrühren und ggf. mit etwas Pfeffer abschmecken.

Tipp:
Wer mag, kann auch noch zwei hart gekochte und klein gewürfelte Eier in die Soße geben. Dazu schmecken am besten frische Pellkartoffeln.

Hering in Sahnesoße

Zutaten für 4 Personen:

Für den Fisch:
800 g frisches Kabeljaufilet
Salz
Pfeffer
2 Eier
Mehl
1 Zitrone
Butterschmalz

Für den Kartoffelsalat:
2 kg fest kochende Kartoffeln
1 TL Margarine
1/4 l Fleisch- oder Gemüsebrühe
3 EL Öl
3 EL Essig
Salz
Pfeffer
1 Bund Petersilie

Zubereitung:

1. Die Kartoffeln waschen und in reichlich Salzwasser zum Kochen bringen. 1 TL Margarine über den kochenden Kartoffeln verteilen. Die Kartoffeln schnittfest kochen.

2. Die Kartoffeln abgießen, schälen und in Scheiben schneiden.

3. 1/4 l heiße Brühe über die noch warmen Kartoffelscheiben gießen und sofort durchmischen. Damit wird verhindert, dass die Scheiben zusammenkleben.

4. Mit Salz und Pfeffer, dem Essig und dem Öl gut durchmischen.

5. Die Petersilie waschen, von den Stielen zupfen, klein schneiden und unter den fertigen Kartoffelsalat mischen. Den Kartoffelsalat gut eine Stunde ziehen lassen und gegebenenfalls noch etwas Brühe dazugeben, damit er schön feucht bleibt.

6. Das Fischfilet unter fließendem kaltem Wasser abwaschen, mit Küchenkrepp trockentupfen.

7. Die Eier in einem flachen Teller mit einer Gabel verschlagen. In einen zweiten Teller Mehl geben.

8. Das Butterschmalz in einer Pfanne erhitzen. Den Fisch in Portionsstücke schneiden. Mit Salz und Pfeffer würzen, zuerst im Ei und dann im Mehl wenden. Sofort in das heiße Butterschmalz legen und von beiden Seiten goldbraun anbraten.

Tipp:
Den Fisch mit Zitronenscheiben garnieren. Wer mag, kann in den Kartoffelsalat noch angebratene durchwachsene Speckwürfel mischen.

Kabeljau

Zutaten für 4 Personen:

1 vollfleischige gepökelte
Schweine-Hinterhaxe (ca. 2 kg)
2 EL Klare Suppe
500 g geschnittene
saure Bohnen in Lake
1 EL Margarine
1 EL Mehl

Zubereitung:

1. In einem großen Topf 3 l Wasser zum Kochen bringen. 2 EL Klare Suppe einrühren. Das Eisbein hinein-legen und knapp eine Stunde kochen. Das Fleisch muss noch knackig sein. Das Eisbein aus der Flüssigkeit neh-men und im vorgewärmten Backofen ruhen lassen.

2. In einem Topf die Margarine er-hitzen, mit einem Schneebesen das Mehl einrühren und mit etwas Brühe von der Haxe aufgießen, so dass eine sämige Soße entsteht.

3. Die geschnittenen Bohnen hinein-geben und unter ständigem Rühren erhitzen.

4. Wer das Eisbein nicht im Ganzen auf den Tisch stellen möchte, kann mit einem langen Messer das Fleisch am Knochen entlang in Scheiben abschneiden. Damit es heiß bleibt, evtl. nochmals in die Brühe legen. Auf einer Platte zusammen mit den Bohnen angerichtet kann sich jeder nach Appetit bedienen.

Tipp:
Dazu schmeckt am besten Kartoffel-püree. Evtl. Reste vom Eisbein kann man kalt mit Brot und Senf servieren.

Eisbein

Zutaten für 4 Personen:

500 g gemischtes Hackfleisch
8 Zwiebeln
1 trockenes Brötchen
1 Ei
1/2 TL Salz
Pfeffer
Muskatnuss gerieben

Zum Braten:
4 EL Butterschmalz

Zubereitung:

1. Eine Zwiebel schälen und in feine Würfel schneiden. Das trockene Brötchen in heißem Wasser einweichen, bis es völlig durchtränkt ist.

2. Das Hackfleisch, die Zwiebelwürfel, das Ei und das Salz in eine Schüssel geben. Mit einer Gabel gut durchmischen.

3. Das Brötchen mit den Händen fest ausdrücken, in die Schüssel zu der Hackfleischmischung geben und das Ganze gut durchmengen. Die Mischung mit Pfeffer und geriebener Muskatnuss nach Belieben abschmecken.

4. Die restlichen Zwiebeln schälen und in Ringe schneiden.

5. 2 EL Butterschmalz in einer Pfanne mit 28 cm Durchmesser erhitzen. Die Zwiebelringe hineingeben und bei mittlerer Hitze etwa 15 Minuten anbraten, dabei immer wieder mit einem Holzlöffel wenden. Nach Wunsch noch etwas Butterschmalz zugeben, damit die Zwiebeln „glasig" werden. Mit Salz und Pfeffer würzen.

6. Das restliche Butterschmalz in einer zweiten Pfanne erhitzen. Die Hände anfeuchten und aus der Hackfleischmasse Kugeln formen, flach drücken und in dem heißen Fett von beiden Seiten scharf anbraten. Die Frikadellen so lange durchziehen lassen, bis die Zwiebelringe fertig sind.

7. Die heißen Frikadellen auf einer vorgewärmten Platte anrichten, mit den Zwiebelringen belegen und sofort servieren.

Tipp:
Wenn man die Zwiebeln dunkler haben möchte, muss das Fett beim Anbraten der Zwiebeln heiß sein.
Ein EL Soßenpulver darüber gestreut und mit gut 1/4 l Wasser aufgekocht, ergibt eine schmackhafte Soße.

Dazu passen Salzkartoffeln und Tomatensalat.

Frikadellen

Zutaten für 4 Personen:

Für das Kartoffpüree:
750 g Kartoffeln
1/8 l Milch
Salz

Außerdem:
200 g durchwachsener Speck
500 g geräucherte Blutwurst
1 EL Butterschmalz

Für das Apfelmuss:
1 kg Äpfel
100 g Zucker
1 Zimtstange
Schale einer unbehandelten Zitrone

Zubereitung:

1. Die Kartoffeln waschen, schälen und in etwas Salzwasser garen.

2. In der Zwischenzeit die Äpfel schälen, vierteln, die Kerngehäuse herausschneiden und die Apfelviertel in Spalten schneiden. Die Spalten mit 1/8 l Wasser, der Zimtstange und der Zitronenschale in einem Topf zugedeckt weich kochen. Noch heiß den Zucker dazugeben und mit einem Schneebesen zu Mus schlagen.

3. Die gegarten, noch heißen Kartoffeln sofort mit einem Schneebesen unter Zugabe der Milch zu Püree schlagen.

4. Den Speck in kleine Würfel schneiden. Etwas Butterschmalz in einer Pfanne erhitzen und die Würfel knusprig anbraten.

5. Die Blutwurst in etwa 5 mm dicke Scheiben schneiden. Etwas Butterschmalz in einer großen Pfanne erhitzen und die Scheiben von beiden Seiten kross anbraten.

6. Das Apfelmus und das Kartoffelpüree auf Teller geben. Auf dem Kartoffelpüree die Speckwürfel verteilen und die heiße Blutwurst dazulegen.

Tipp:
Die Haut der Blutwurst an einer Stelle einritzen, dann wölbt sie sich beim Braten nicht. Um Fett einzusparen, kann man mit einer beschichteten Pfanne beim Braten von Speck und Blutwurst auf die Zugabe von Butterschmalz verzichten.

Himmel und Erde

Zutaten für 6 Personen:

1 Suppenhahn (1 800 g)	Pfeffer
4 l Wasser	Muskatnuss gemahlen
1 EL Klare Suppe	150 g Margarine
1 EL Hühnerbouillon	2 Zwiebeln
1 Stange Lauch	2–3 EL Mehl
Salz	1 Bund Schnittlauch

Zubereitung:

1. Den Suppenhahn unter fließendem kaltem Wasser säubern. In einem großen Topf etwa 4 l Wasser zum Kochen bringen. 1 TL Salz und je 1 EL Klare Suppe und Hühnerbouillon und den Suppenhahn hineingeben. Etwa 10 Minuten kochen lassen.

2. Den Lauch in Ringe schneiden, waschen und zu dem Suppenhahn geben. Etwa weitere 30 Minuten weiterkochen.

3. Den Suppenhahn aus der Brühe nehmen und kurz abkühlen lassen. Noch warm die Haut abziehen und das Fleisch von den Knochen lösen.

4. Die Zwiebeln schälen und in feine Würfel schneiden.

5. 150 g Margarine in einem Topf schmelzen und die Zwiebelwürfel darin glasig dünsten. Das Mehl in den Topf geben und schnell mit einem Schneebesen verrühren. Sofort etwa 1 1/2 l Brühe von dem Suppenhahn unter ständigem Rühren dazugeben.

6. Das vorbereitete Hühnerklein in die Soße geben und mit Salz, Pfeffer und Muskat abschmecken.

7. Den Schnittlauch waschen, in kleine Röllchen schneiden und getrennt zum Hühnerklein servieren. Jeder kann sich so viel über sein Gericht streuen, wie er gerne mag.

Tipp:
Zu dem Hühnerklein schmecken Salzkartoffeln oder Reis und grüner Salat.

Hühnerklein

Zutaten für 4 Personen:

1 Kopf Weißkraut
250 g gemischtes Hackfleisch
1 Zwiebel
1 Ei
50 g durchwachsener Speck
Salz
Pfeffer
Muskatnuss gerieben
125 g saure Sahne

Zubereitung:

1. Von dem Krautkopf die äußeren, evtl. beschädigten Blätter entfernen. Einen Topf mit Salzwasser zum Kochen bringen und den ganzen Krautkopf in das kochende Wasser legen.

2. Den Krautkopf so lange kochen, bis man die Blätter leicht ablösen kann. Evtl. nochmals in das kochende Wasser legen. Etwa 16 große Blätter auf ein Brett legen und die Rippen an den Blättern abflachen, damit sich die Blätter leichter rollen lassen und nicht brechen.

3. Die Zwiebel schälen und in feine Würfel schneiden. Zusammen mit dem Hackfleisch, dem Ei, Salz, Pfeffer und Muskat mit einer Gabel gut vermischen.

4. Das Hackfleisch in gleichmäßige Bällchen aufteilen. Jeweils auf ein Blatt ein Hackfleischbällchen legen und mit einem zweiten Blatt von der anderen Seite bedecken. Die Krautblätter mit dem Hackfleisch aufrollen und mit einem Zahnstocher feststecken.

5. Den Speck in kleine Würfel schneiden und in einer Pfanne ausbraten. Die Krautwickel darauf legen und von beiden Seiten anbraten.

6. Die saure Sahne und 1/4 l Wasser zugeben und bei geschlossenem Deckel je nach Größe etwa 10 Minuten weich dünsten.

Tipp:
Dazu passt Kartoffelpüree. Aus dem Sud kann man noch eine Soße zubereiten.

Krautwickel

Zutaten für 4 Personen:

400 g Linsen
800 g Spätzle
2 Schalotten
200 g geräucherter Bauchspeck
20 g Schweineschmalz
20 g Mehl
500 ml Wasser
4 Paar Frankfurter Würste
Salz, Pfeffer

Zubereitung:

1. Die Linsen waschen, die Schalotten schälen und fein hacken.

2. Das Fett in einem Topf schmelzen, die Schalotten darin andünsten, mit dem Mehl abstäuben und mit dem Wasser aufgießen. Die Linsen mit dem Bauchspeck zugeben und das Ganze ca. 20 Minuten köcheln. 5 Minuten, bevor die Linsen fertig sind, die Würstchen in den Topf geben und erhitzen.

3. Die Spätzle in reichlich Salzwasser al dente kochen. Nach Ablauf der Garzeit abschütten und warm stellen.

4. Wenn die Linsen gar sind, das Bauchfleisch herausnehmen und in Scheiben schneiden. Die Linsen mit Salz und Pfeffer abschmecken. Die Linsen werden zusammen mit Bauchfleisch, Würstchen und Spätzle serviert.

Tipp:
Wer es gerne säuerlich mag, kann noch etwas Essig über die Linsen träufeln.

Linsen mit Spätzle

Zutaten für 4 Personen:

4 Stielrippchen
1 kg Sauerkraut
40 g Fett
1 Zwiebel
Salz, Kümmel
1 EL Mehl
1 kg Kartoffeln
1/4 l Milch
10 g Butter

Zubereitung:

1. Die Zwiebel schälen und in feine Würfel schneiden. In einem großen Topf das Fett heiß werden lassen und die Zwiebelwürfelchen darin anbraten.

2. Das Sauerkraut mit zwei Gabeln auflockern und zu den Zwiebeln geben. Mit einer Prise Salz und dem Kümmel würzen, wer mag, kann auch noch ein paar Wacholderbeeren dazugeben.

3. Mit etwas Wasser aufgießen und das Kraut weich kochen. Dabei die Rippchen auf das Kraut legen und heiß werden lassen.

4. Inzwischen die geschälten Kartoffeln in Salzwasser gar kochen und abschütten. Die Milch dazugießen und alles mit einem Schneebesen kräftig durchrühren. In das Püree die Butter geben und unterrühren.

5. Wenn das Kraut gar ist, die Rippchen herausnehmen und warm stellen. Das Mehl mit einer Tasse kaltem Wasser anrühren, in das Kraut geben und 15 Minuten weiterkochen.

6. Die Rippchen mit Kraut und Kartoffelpüree auf Tellern anrichten und servieren.

Tipp:
Statt Kartoffelpüree schmeckt auch frisches Brot und Senf zu diesem Gericht. Übrigens, übrig gebliebenes Kartoffelpüree lässt sich am besten in einem Wasserbad aufwärmen, denn so kann nichts anbrennen.

Rippchen mit Sauerkraut

Zutaten für 4 Personen:

1 kg Rinderbraten (aus der Rose)
Salz, Pfeffer
40 g Fett
etwas Mehl

Für die Beize:
3 l Wasser
1/2–1 l Essig
1 Zwiebel

4 Nelken
1 Lorbeerblatt
1 Karotte
1 Petersilienwurzel
1/2 Sellerieknolle
10 Pfefferkörner

Zubereitung:

1. Zuerst wird die Beize vorbereitet. Dazu die Zwiebel mit den Nelken bestecken, das Wurzelwerk putzen und in Scheiben schneiden. Wasser und Essig in einem großen Topf zum Kochen bringen und mit allen Zutaten ca. 15 Minuten kochen. Die Beize völlig erkalten lassen, über das Fleisch gießen und dieses 5–10 Tage in der Beize marinieren.

2. Danach das Fleisch aus der Beize nehmen, mit Küchenkrepp trockentupfen, salzen und pfeffern, in etwas Mehl wenden und in dem heißen Fett von allen Seiten schön braun anbraten. Die Beize durch ein Sieb gießen und die Flüssigkeit auffangen.

3. Den Braten mit so viel Essigbeize aufgießen, dass er knapp damit bedeckt ist. Im geschlossenen Topf ca. zwei Stunden schmoren.

4. Nach Ablauf der Garzeit den Sauerbraten herausnehmen, beiseite stellen und die Soße mit etwas Mehl binden. Je nach Geschmack noch mit Salz und Pfeffer nachwürzen.

5. Den Braten in Scheiben schneiden, auf Tellern anrichten und die Soße getrennt dazu reichen.

Tipp:
Am besten schmecken zu diesem Gericht selbst gemachte Kartoffelklöße und ein knackiger Salat. Übrigens, je nachdem, wie viel Essig Sie für die Beize nehmen, wird es ein milder oder scharf-saurer Braten.

Sauerbraten

Zutaten für 4 Personen:

1 000 g breite grüne Bohnen
2 große Zwiebeln
400 g Kartoffeln
1 500 g gesalzener Schweinebauch
2 EL Klare Suppe
mit Suppengrün
1 TL getrocknetes Bohnenkraut
100 g Margarine
Salz, Pfeffer

Zubereitung:

1. Die Bohnen an den beiden Enden abschneiden, evtl. Fäden abziehen und waschen. Die Stangen in etwa 3–4 cm lange Stücke schneiden. In kaltem Wasser einweichen.

2. Die beiden Zwiebeln schälen und in feine Würfel schneiden. Die Kartoffeln waschen, schälen und der Länge nach vierteln. In etwa 3–4 mm dicke Scheiben schneiden und in kaltes Wasser legen.

3. Den Schweinebauch in etwa 3 Liter kochendes Wasser ohne Salz geben und je nach Stärke bissfest garen.

4. In einem großen Topf die Margarine zerlassen, die klein geschnittenen Zwiebeln hineingeben und bei niedriger Stufe glasig dünsten. Kräftig mit Salz und Pfeffer würzen.

5. Die klein geschnittenen Bohnen in ein Sieb geben, abtropfen lassen und auf die gedünsteten Zwiebeln schütten. Zwei Esslöffel Klare Suppe und das Bohnenkraut darüber streuen. Sofort etwa 1/2 Liter der Fleischbrühe darüber gießen und kurz aufkochen lassen.

6. Die Kartoffelstücke in ein Sieb geben, abtropfen lassen und auf die Bohnen schütten. Das Ganze mit einem Holzrührlöffel durchmischen und bei mittlerer Hitze köcheln lassen, bis die Kartoffeln weich sind. Die fertige Gemüsemischung durchstampfen und gegebenenfalls mit Salz und Pfeffer nachwürzen.

Schweinebauch mit Bohnen

Zutaten für 4 Personen:

Für den Schweinebraten:
1 kg Schweinekammbraten
2 Zwiebeln, 2 Karotten
Salz, Pfeffer
Öl, Butterschmalz

Für das Rotkraut:
1 Rotkraut mittlerer Größe
1 säuerlicher Apfel
1 Zwiebel, 1 EL Mehl
1 Lorbeerblatt, 3 Nelken
Salz, Pfeffer, 50 g Margarine

Zubereitung:

1. Den Schweinebraten mit Salz und Pfeffer würzen. Mit Öl einreiben und 10 Minuten ruhen lassen. Die Zwiebeln schälen, halbieren und in Scheiben schneiden. Die Karotten schälen und würfeln.

2. Das Butterschmalz in einer Kasserolle erhitzen. Den Schweinebraten in das heiße Fett legen und von allen Seiten scharf anbraten. Die klein geschnittenen Zwiebeln und Möhren zu dem Braten geben und mit anbraten. Etwa 1/4 l heißes Wasser zugeben und den Braten bei geschlossenem Deckel ca. 30 Minuten schmoren. Bei Bedarf noch etwas Wasser zugeben.

3. Vom Rotkraut evtl. schlechte Blätter entfernen, das Kraut vierteln und den Strunk herausschneiden. Die Viertel in feine Streifen schneiden.

4. In einem großen Topf ca. 3 l Wasser zum Kochen bringen, etwas Salz dazugeben und das geschnittene Kraut hinzufügen. Bissfest kochen, in ein Sieb schütten und abtropfen lassen.

5. Die Zwiebel schälen und fein würfeln. Den Apfel schälen, vierteln, das Kerngehäuse entfernen und den Apfel in Spalten schneiden. Die Spalten halbieren.

6. Die Margarine in einem Topf erhitzen, die klein geschnittene Zwiebel darin glasig dünsten. Das Lorbeerblatt, die Nelken und den klein geschnittenen Apfel dazugeben. Einige Minuten garen. Einen Löffel Mehl einrühren und das Rotkraut unterheben. Unter ständigem Rühren das Rotkraut fertig garen und mit Salz und Pfeffer abschmecken.

7. Den fertigen Schweinebraten kurz ruhen lassen, dann in Scheiben schneiden und zusammen mit dem Rotkraut servieren.

Tipp:
Dazu schmecken Klöße oder Salzkartoffeln. Aus dem Bratenfond kann man eine schmackhafte Soße zubereiten.

Schweinebraten

Zutaten für 4 Personen:

500 g Schweinelende (1 große Lende)
5–6 Zwiebeln
2–3 Knoblauchzehen
200 g süße Sahne
200 g saure Sahne oder Crème fraîche
200 g mittelalter Gouda, gerieben
2 Bund Petersilie
100 g Butterschmalz
Salz
Pfeffer

Zubereitung:

1. Die Lende in ca. 5 cm dicke Stücke schneiden. Etwa die Hälfte Butterschmalz in einer Pfanne erhitzen und die Lendenstücke darin kurz von beiden Seiten scharf anbraten. Die Fleischstücke in eine Auflaufform legen und mit Salz und Pfeffer würzen.

2. Die Zwiebeln schälen und in Ringe schneiden. Die Knoblauchzehen schälen und in kleine Würfel schneiden. Die Knoblauchwürfel auf ein Brett geben, eine Prise Salz darüber streuen und den Knoblauch mit einem Messer zerdrücken.

3. Das restliche Butterschmalz in einer Pfanne erhitzen und die Zwiebelringe mit dem Knoblauch darin goldbraun anbraten. Mit der süßen und der sauren Sahne übergießen und mit Salz und Pfeffer würzen. Die Masse leicht abkühlen lassen.

4. Die Petersilie waschen, klein schneiden und unter die abgekühlte Zwiebelsahnemischung heben.

5. Die Mischung über die Lendenstücke in die Auflaufform gießen und den geriebenen Käse darüber streuen.

6. Den Backofen auf 200° C vorheizen und die Lende etwa 30 Minuten überbacken.

Tipp:
Dazu schmecken Reis und grüner Salat oder Weißbrot.

Schweinelende überbacken

Zutaten für 4 Personen:

Für den Tafelspitz:
1 kg Tafelspitz
3 l Wasser
2 EL Klare Suppe
Salz
Pfeffer
Muskatnuss gerieben

Für den Meerrettich:
1 l Fleischbrühe
3 trockene Brötchen
2 Gläser Meerrettich (300 g)
50 g geriebener Meerrettich
200 g süße Sahne
1/8 l Wasser
1 EL Mehl

Zubereitung:

1. 3 l Wasser mit einem TL Salz, etwas Pfeffer und Muskatnuss zum Kochen bringen. 2 EL Klare Suppe dazugeben und den Tafelspitz in das kochende Wasser legen. Bei mittlerer Hitze ca. 30 Minuten kochen. Etwa 20 Minuten in der heißen Brühe stehen lassen, damit das Fleisch durchzieht.

2. 1 l von der heißen Tafelspitzbrühe in einen Topf schütten und die trockenen, in kleine Stücke geschnittenen Brötchen hineingeben. Die Brötchenstücke völlig durchweichen lassen.

3. Mit einem Zauberstab oder Mixer die Brötchen pürieren. Den geriebenen und den Meerrettich aus den Gläsern mit einem Schneebesen gleichmäßig in die Brühe einrühren. Auf kleiner Stufe heiß halten.

4. Die süße Sahne mit dem Schneebesen einrühren.

5. 1/8 l kaltes Wasser in einen Becher schütten und 1 EL Mehl mit dem Schneebesen darin verquirlen. Das Mehl mit dem Schneebesen in den vorbereiteten Meerrettich einrühren und dabei kurz aufkochen. Wer den Meerrettich nicht zu dickflüssig mag, nimmt nur einen Teil des Mehls.

6. Den noch heißen Tafelspitz in etwa 1 cm dicke Scheiben schneiden und mit dem Meerrettich servieren.

Tipp:
Dazu schmecken süße Birnen und Salzkartoffeln. Aus der restlichen Brühe kann man sehr gut eine Fleischbrühsuppe zubereiten.

Tafelspitz

Register

Apfelpfannkuchen	36	Käsespätzle	40
Bauernfrühstück	24	Kirschenmichel	46
Blumenkohlauflauf	26	Krautwickel	68
Bratheringe	54	Linsen mit Spätzle	70
Brotsuppe	10	Nonnenfürzchen	48
Eierpfannkuchen	38	Odenwälder Kochkäse	20
Eisbein mit sauren Bohnen	60	Pellkartoffeln mit Kräuterquark	32
Frikadellen	62	Reibekuchen	34
Gebackene Kartoffelklöße	28	Rippchen mit Sauerkraut	72
Handkäse mit Musik	18	Sauerbraten	74
Hering in Sahnesoße	56	Schweinebauch mit Bohnen	76
Himmel und Erde	64	Schweinebraten mit Rotkohl	78
Hühnerklein	66	Schweinelende überbacken	80
Hühnersuppe mit Reis	12	Tafelspitz mit Meerrettich	82
Kabeljau mit Kartoffelsalat	58	Tellerfleisch	22
Kaiserschmarren	42	Waffeln mit Roter Grütze	50
Kartäuserklöße	44	Wasserspatzen	52
Kartoffelgemüse	30	Zwiebelsuppe	16
Kartoffelsuppe	14		

© 2003 SAMMÜLLER KREATIV GmbH

Genehmigte Lizenzausgabe
EDITION XXL GmbH
Reichelsheim 2003

Layout: Mathias Weil
Satz: Marcel Just
Illustrationen: Corinna Panayi-Konrad
Titelillustration mit freundlicher Genehmigung der
Fa. Franz Tress GmbH & Co. KG, 72525 Münsingen

ISBN 3-89736-127-2

Dieses Buch ist von Autorin und Verlag sorgfältig erwogen und geprüft worden. Es kann jedoch keine Haftung für Personen-, Sach- und/oder Vermögensschäden übernommen werden.